O VOVÔ QUE VIROU RIO

Texto de Paulo Nicolini

Ilustrações de Márcio Levyman

Saíra
EDITORIAL

Copyright do texto © 2021 Paulo Nicolini
Copyright das ilustrações © 2021 Márcio Levyman

Direção e curadoria	Fábia Alvim
Gestão comercial	Rochelle Mateika
Gestão editorial	Felipe Augusto Neves Silva
Diagramação	Raoni Machado
Revisão	Marcela Oliveira

Dados Internacionais de Catalogação na Publicação (CIP) de acordo com ISBD

N552v   Nicolini, Paulo

        O Vovô Que Virou Rio / Paulo Nicolini ; ilustrado por Márcio Levyman. - São Paulo, SP : Saíra Editorial, 2021.
        32 p. : il. ; 18cm x 25cm.

        ISBN: 978-65-86236-40-8

        1. Literatura infantil. I. Levyman, Marcio. II. Título.

2021-4269   CDD 028.5
        CDU 82-93

Elaborado por Odilio Hilario Moreira Junior - CRB-8/9949

Índice para catálogo sistemático:
1. Literatura infantil 028.5
2. Literatura infantil 82-93

Todos os direitos reservados à
Saíra Editorial
Rua Doutor Samuel Porto, 396
Vila da Saúde - 04054-010 - São Paulo, SP
Telefones: (11) 5594 0601 | (11) 9 5967 2453
www.sairaeditorial.com.br | editorial@sairaeditorial.com.br
Instagram: @sairaeditorial

A José Antonio Nicolini, vovô que virou estrela enquanto estas palavras viravam livro.

À Trilce e ao Miguel, responsáveis pelas maiores transformações da minha vida.

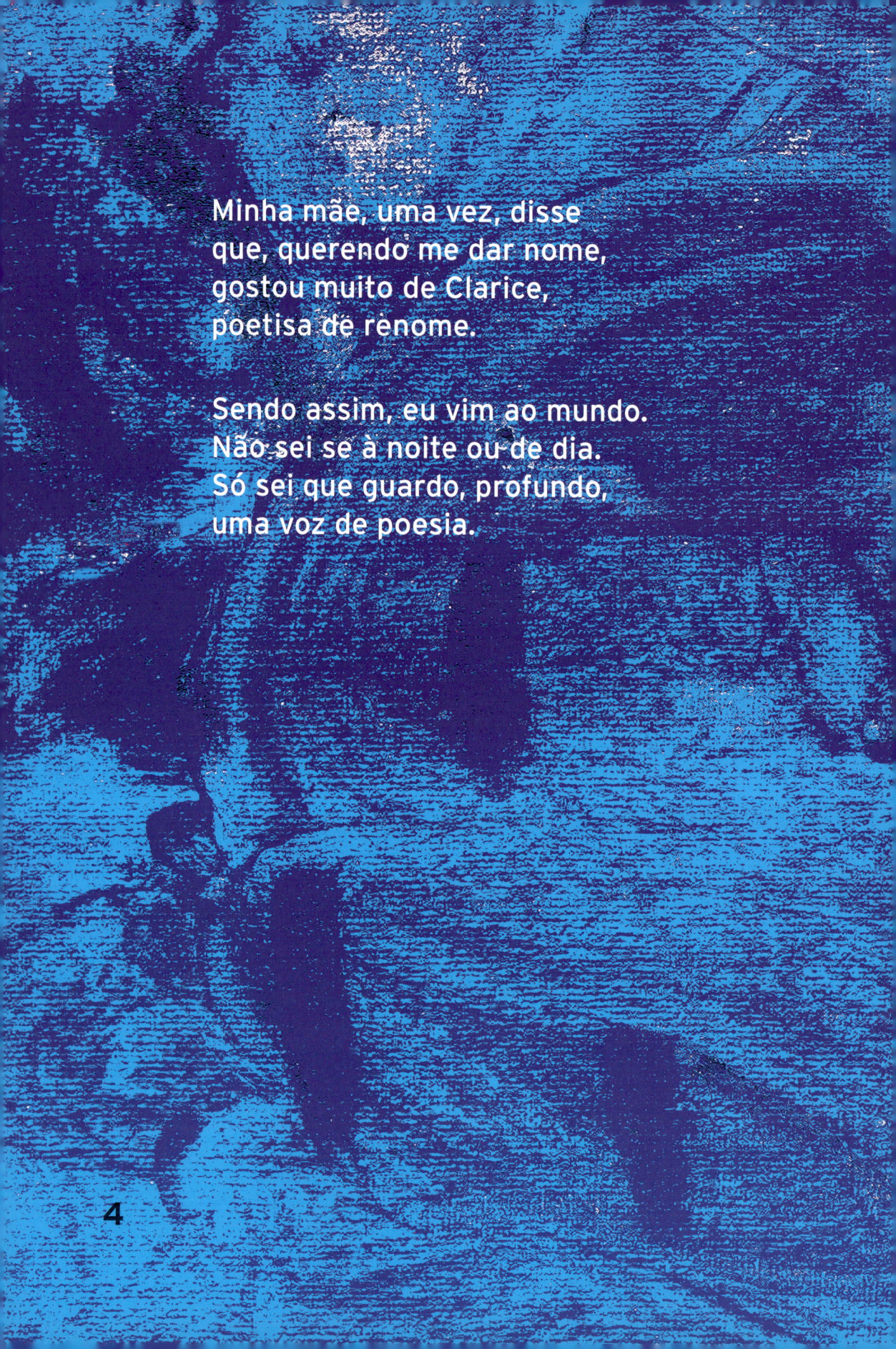

Minha mãe, uma vez, disse
que, querendo me dar nome,
gostou muito de Clarice,
poetisa de renome.

Sendo assim, eu vim ao mundo.
Não sei se à noite ou de dia.
Só sei que guardo, profundo,
uma voz de poesia.

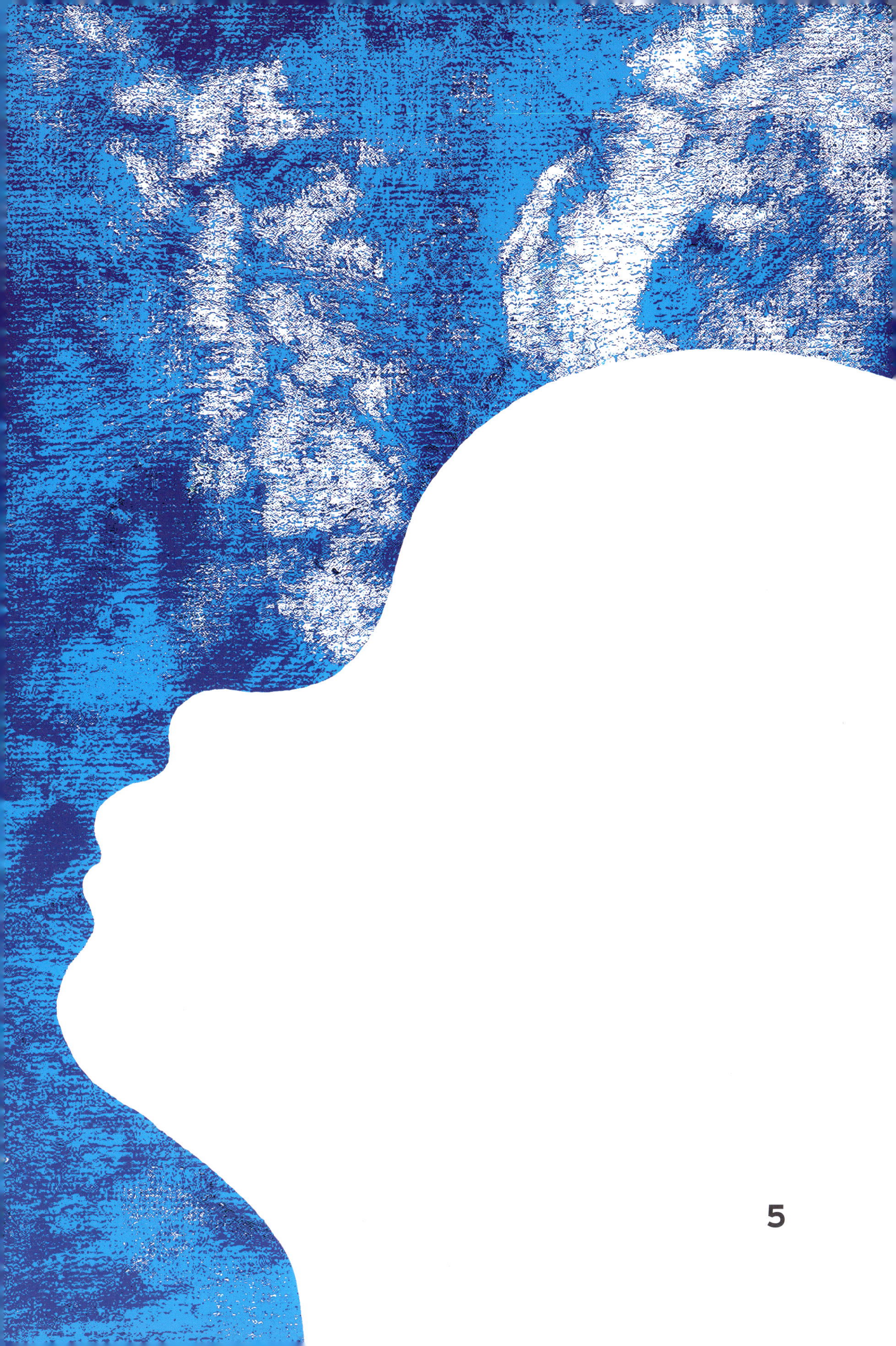

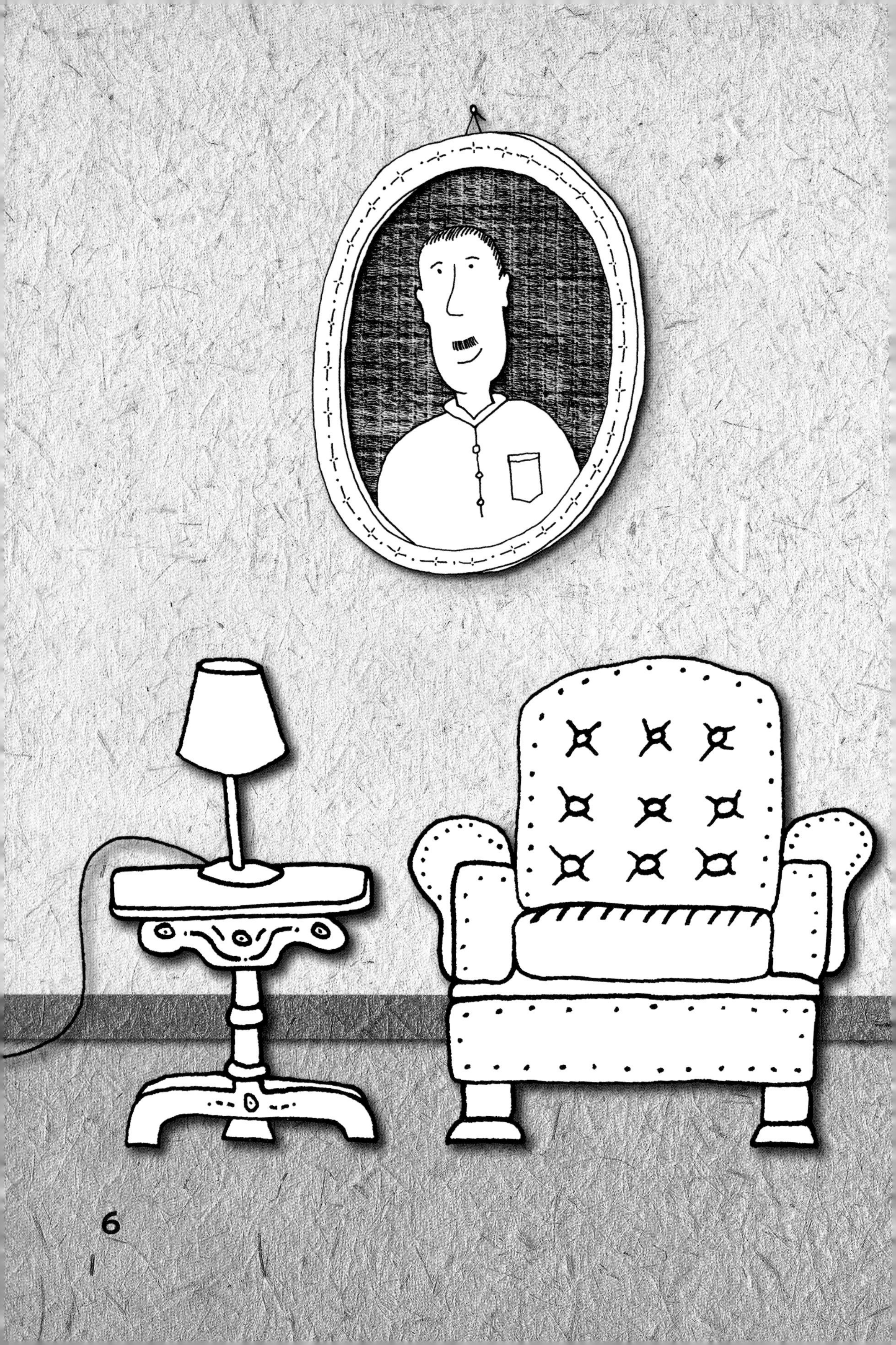

E é com ela que eu já vou
relembrar um homem raro.
Um homem que aqui passou:
meu avô, senhor Amaro.

Vovô era muito amado,
sempre estava com a gente.
Não era de estar calado,
era de ficar contente.

Inventava brincadeira,
de pegar e de esconder.
Ensinava da maneira
que a gente ia aprender.

Certo dia me contou
(e nisso um sorriso abriu)
que muito tempo passou
brincando dentro de um rio.

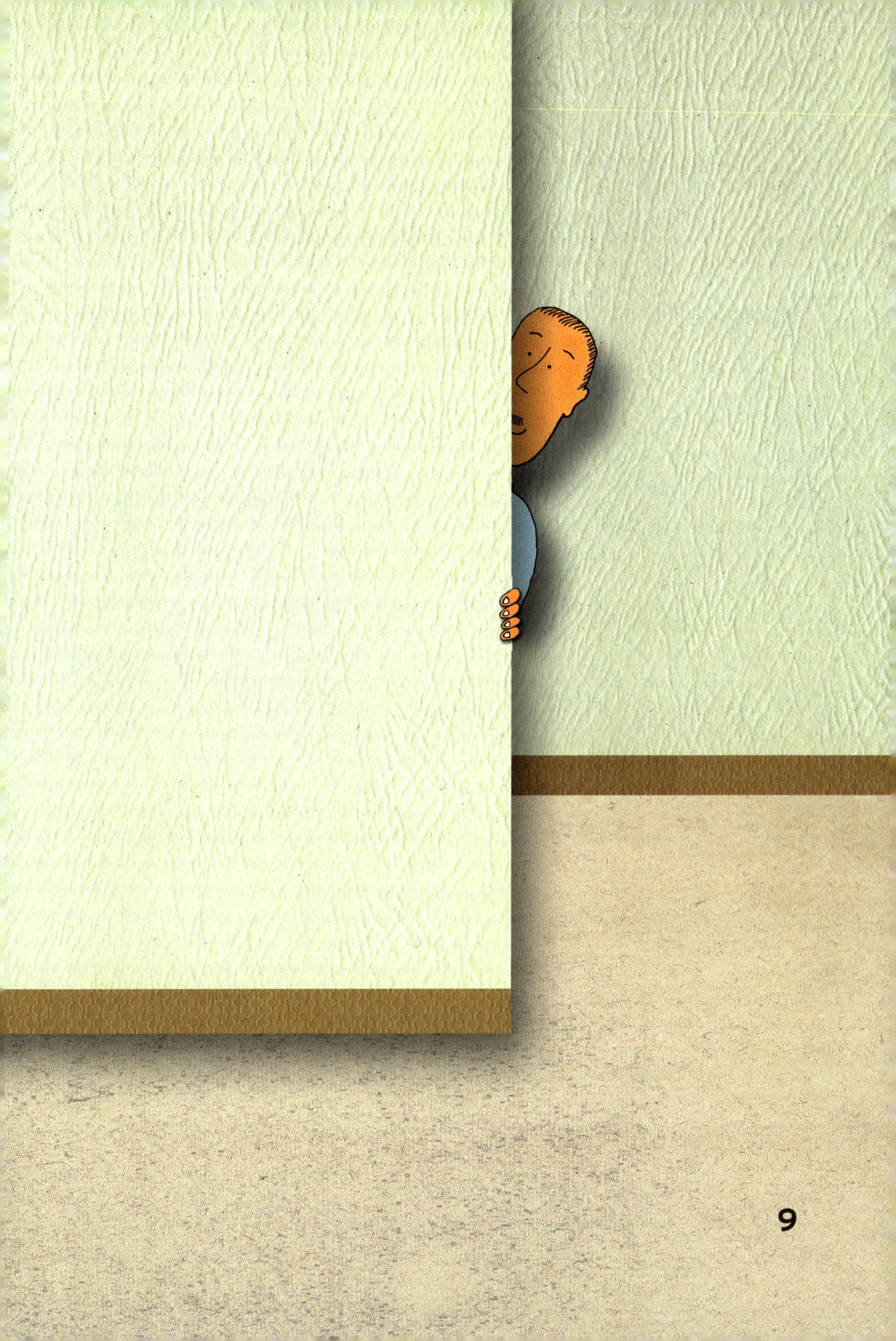

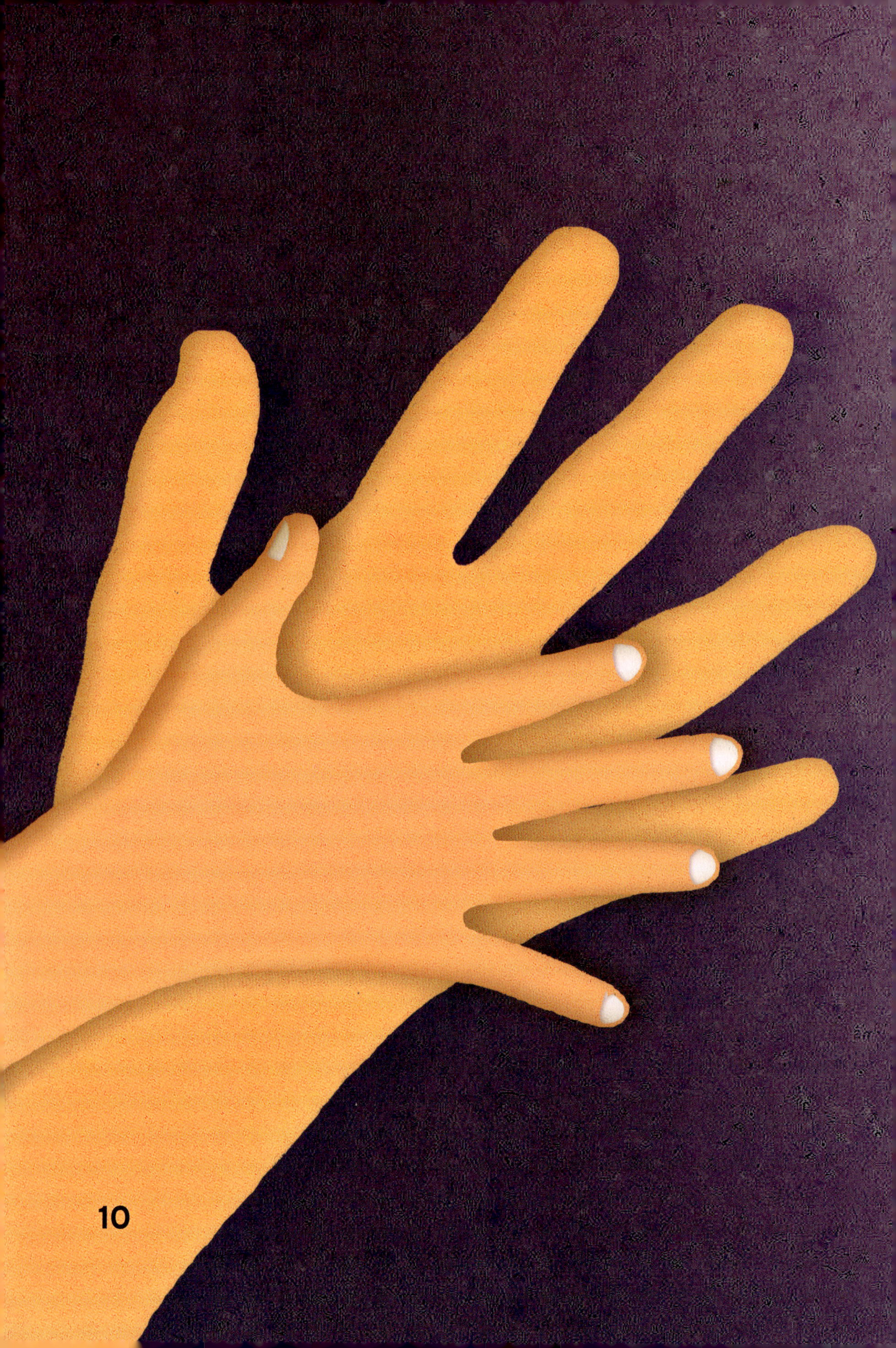

Mas houve uma vez, então,
que ele veio me chamar.
Minha mão na sua mão,
começou a me falar:

"Clarice, neta querida,
ouça esta sabedoria.
Ouça e guarde para a vida:
todo mundo some um dia!

"Sabe a linda borboleta
que tanta gente já viu?
Ela é o fim da pirueta
da lagarta que sumiu.

"Sabe a árvore tão forte
que você já viu crescida?
Ela vem da boa sorte
de uma semente sumida.

13

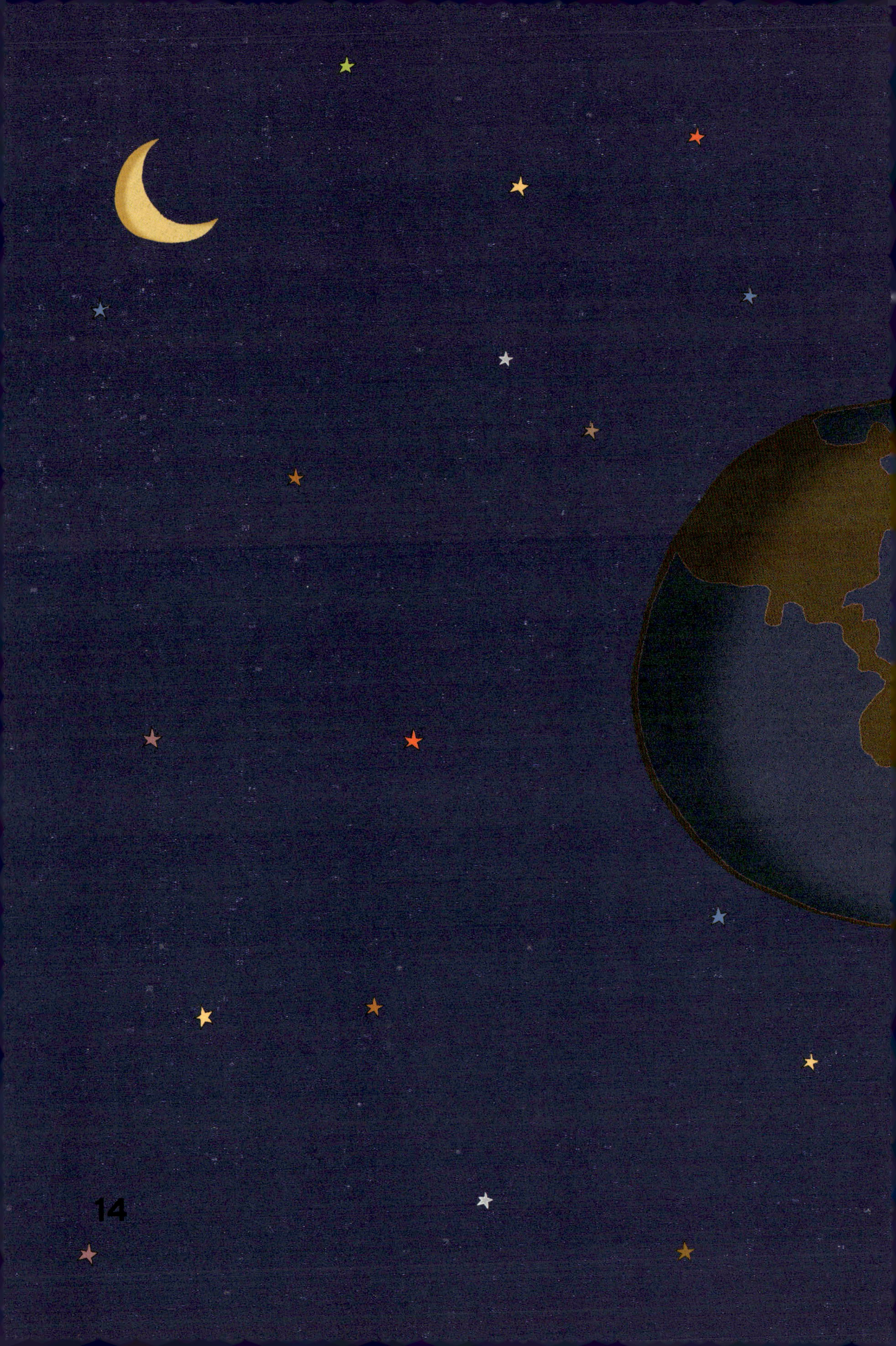

"E assim vai este ocorrido:
o que parece acabado,
na verdade, foi sumido
e está vivo de outro lado."

Vovô parou de falar.
A cabeça em parafuso.
Eu não sabia explicar:
achei bonito e confuso.

No fim, eu quis anotar
e escrevi já não sei onde:
sumir é um não achar,
num eterno esconde-esconde.

Mas, assim como falou,
de tanto que ele insistiu,
parece que adivinhou:
meu avô também sumiu.

17

De começo fiquei triste.
Magoei com o vovô:
se num momento ele existe,
no outro se transformou?

Procurei por todo canto.
É assim que tudo encerra?
Escondido sob um manto?
Sumido embaixo da terra?

Talvez, como a maioria,
sumir numa grande caixa?
O que será que ele via
quando esta tampa se abaixa?

Meu avô, por outro lado,
queria ser diferente.
Queria ser transformado
num rio azul, bem transparente.

21

Foi o que mamãe contou,
mirando minha tristeza.
O vovô se planejou
e foi tudo com beleza.

Pediu que se encontrassem
vovó, mamãe e titias,
para que elas se juntassem,
sem perder as alegrias.

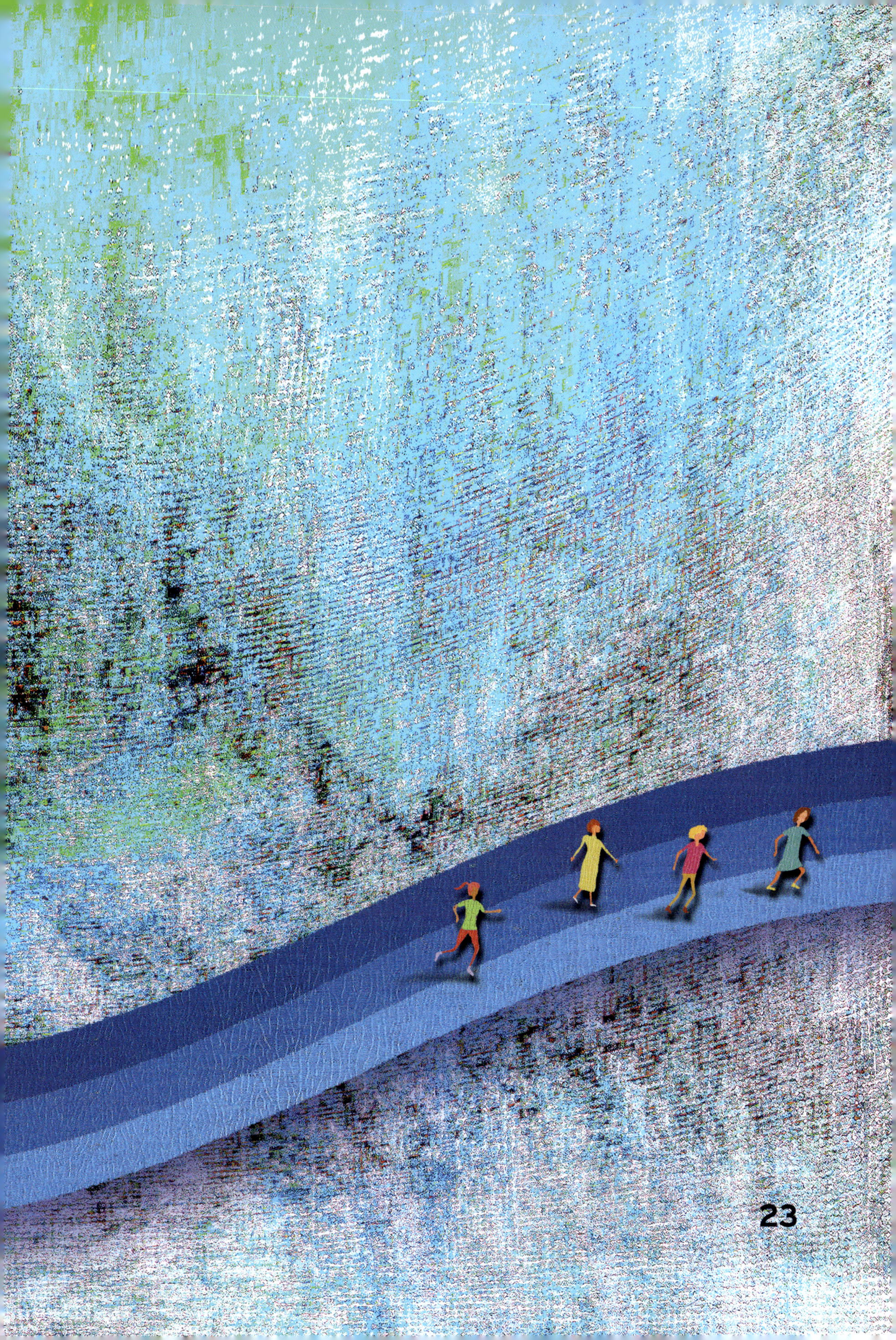

Antes de tudo acabado,
ele passou para vê-las.
Estava fantasiado
de roupa de pó de estrelas.

As lágrimas que caíram
formaram o rio-avô.
As suas águas subiram
e tudo se transformou.

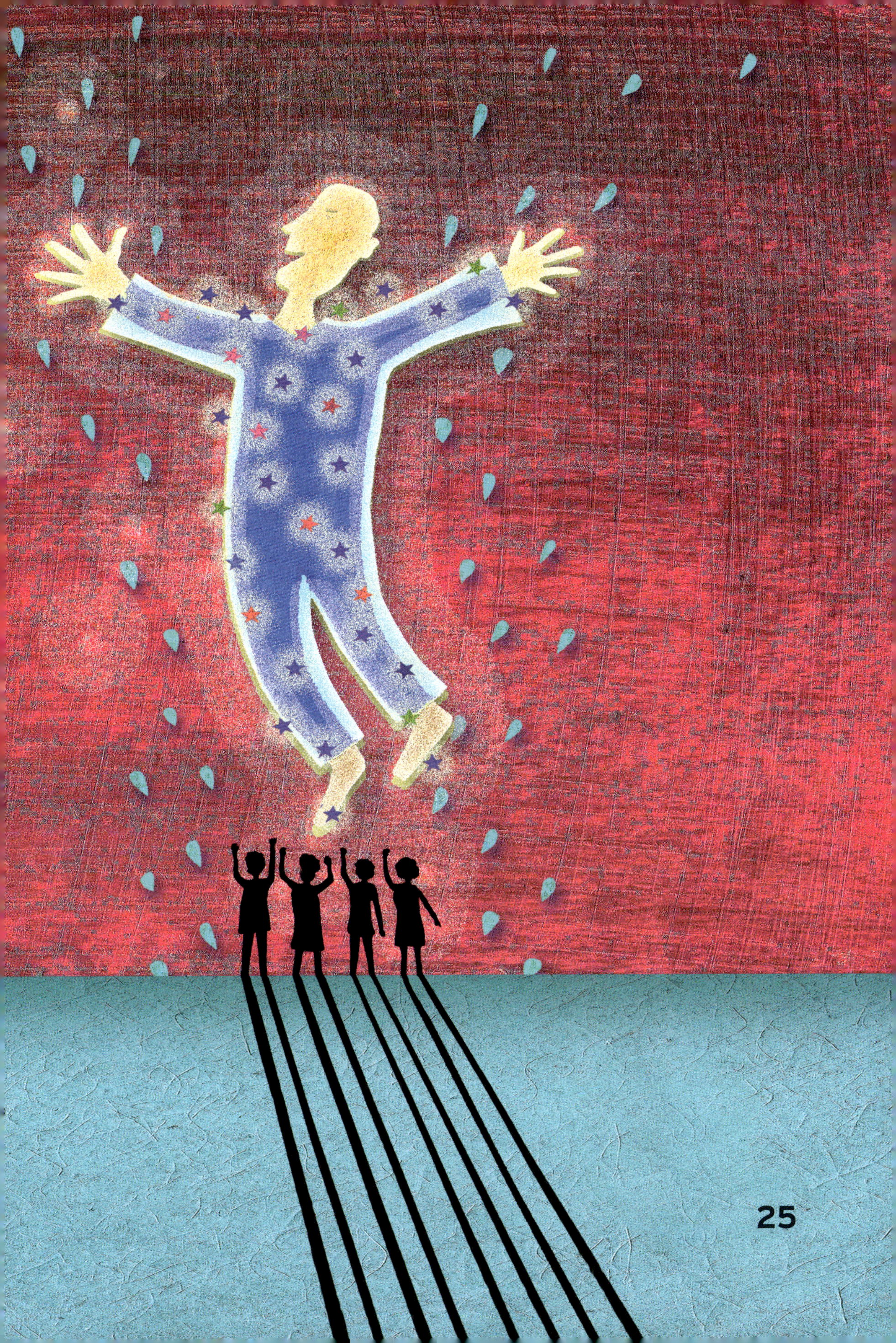

26

Assim, vovô não sumiu,
e eu não guardarei mais mágoas.
Foi transformado em um rio,
e eu virei neta das águas.

Quando eu fico bem contente,
sinto que ele vai ficar.
Um pouco dentro da gente,
mas muito a se navegar.

Hoje na minha memória,
de pensar sinto arrepio.
Lembrarei sempre essa história
do vovô que virou rio.

29

O AUTOR
PAULO NICOLINI

Nasci, em 1985, em Botucatu, no estado de São Paulo, mas sempre vivi em São Manuel (também em São Paulo), até ir para a faculdade. Fui rodeado pelo mundo das palavras e dos livros desde criança, lendo ou escrevendo. Aos seis anos, entrei numa sala de aula e nunca mais saí, pois cursei História e Filosofia e, então, virei professor. E foi numa escola pública, a EMEF Teófilo Benedito Ottoni, que conheci a professora Camila, mãe da Clarice e filha do Amaro. Esta história, que surgiu como uma homenagem e virou livro, é baseada em dados reais e imaginários. Como prova de que vida e arte sempre se misturam, meu pai se fez homenageado durante sua produção, dando a essas palavras outros sentidos. Assim, a história pode ser sobre vida, sobre morte, sobre passagem, sobre transformação ou sobre outro assunto, mas eu ficaria feliz se ela pudesse afetar, de alguma forma, as pessoas que a lerem.

O ILUSTRADOR MÁRCIO LEVYMAN

Tenho formação em Arquitetura, mas sempre atuei como artista gráfico e ilustrador. Participei de diversas exposições individuais e coletivas. Transitei pela fotografia, pelo desenho de humor, pela colagem e pela produção de muitos materiais gráficos e objetos inusitados. Colaboro como ilustrador em livros, jornais e revistas.

Esta obra foi composta em
Interstate e Coniferouse e impressa pela Referência
Gráfica em offset sobre papel couché fosco 150 g/m²
para a Saíra Editorial em novembro de 2021